정상 97

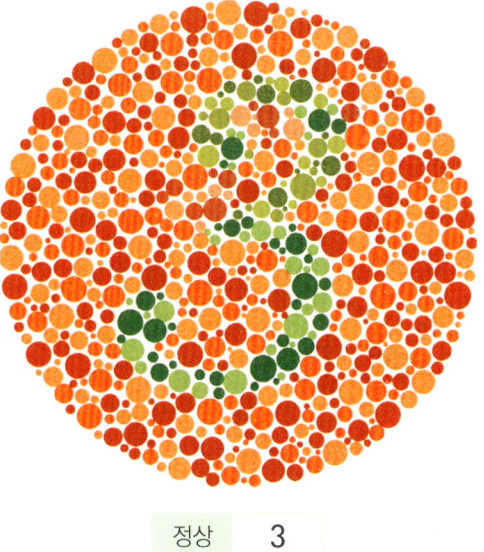

정상 3

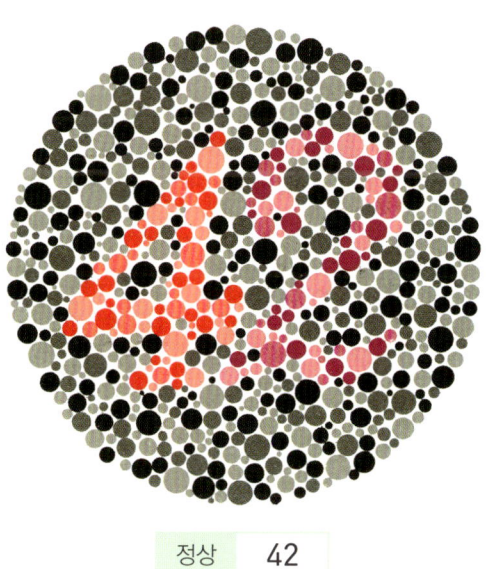

정상 42

정상 45

Erik the red sees green
by Julie Anderson ; illustrated by David Lopez.

copyright © Albert Whitman & Company, 2013
Korean translation copyrights © 2015, Hanulimkids Publishing co.
This Korean edition is published by arrangement with Albert Whitman & Company through Bookmaru Korea literary agency in Seoul.
All rights reserved.

이 책의 한국어판 저작권은 북마루코리아를 통한 Albert Whitman & Company와의
독점 계약으로 한울림어린이가 소유합니다.
신저작권법에 의하여 한국 내에서 보호를 받는 저작물이므로 무단 전재와 복제를 금합니다.

빨강이 초록으로 보여!

색각 이상 소년 에릭의 이야기

줄리 앤더슨 글
데이비드 로페즈 그림
허은미 옮김
김욱겸 추천·감수

한울림스페셜

빨강이 초록으로 보이는
세상의 모든 에릭에게
- J.A., D.L.

빨강머리 에릭은 대단한 호기심쟁이야. 정말이야.
에릭은 물고기도 목이 마른지 궁금했어. 왜 자기가 자기를 간지럼 태우면 웃기지 않은지 궁금했고, 오늘 또다시 마일즈를 간지럽혀서 딸꾹질을 하게 할 수 있을지도 궁금했어. 가끔 에릭은 별명 없이 살면 어떨지도 궁금했어. 하지만 에릭은 태어날 때 이미 빨강머리라는 별명을 얻었지.

요즘 에릭은 왜 자꾸 일이 꼬이는지 궁금해.
오늘은 축구를 하는데 상대 팀으로 공을 넘겨 버렸지 뭐야.
"빨강머리 에릭, 너희 팀으로 골을 건네라니까!"
에릭이 상대 팀으로 공을 넘기자 코치님이 소리쳤어.

"빨강머리 에릭, 너 아직 잠이 덜 깼나 보구나?"
에릭이 읽기 숙제를 잘 못해 오거나
수학 문제를 반은 빼먹고 풀어 올 때마다
달튼 선생님이 말했어.

"난 열심히 하려고 했는데, 왜 자꾸 일이 꼬이는 거죠?"
에릭의 말에 엄마가 대답했어.
"에릭, 누구나 실수할 수 있단다. 앞으로는 숙제할 때 더 주의하면 돼."

에릭은 꼬일 만한 일이 또 있는지 궁금했어.
불행히도 수학 쪽지 시험이 있었지.
"빨강머리 에릭, 내 걸 보면 어떻게 해. 칠판을 봐야지."
에릭의 짝꿍 애너벨이 속삭였어.

결국 달튼 선생님이 엄마를 학교로 불렀어.
"엄마, 애너벨의 답을 훔쳐본 게 아니에요. 칠판의 글씨가 안 보여서 애너벨이 베껴 쓴 문제를 봐야만 했어요."
"이상하네. 작년에는 칠판 글씨가 잘 보였잖아." 엄마가 물었어.
"그땐 더 앞쪽에 앉아서 그랬었나 봐요. 시력 검사를 할 때는 잘 보였는데, 달튼 선생님이 칠판에 쓴 글자는 잘 안 보일 때가 있어요. 나도 이상해요."

에릭이 좋아하는 미술 시간이야.
이 시간만큼은 누구도 에릭에게 이렇게 말하지 않았어.
"빨강머리 에릭, 너 정말 돌대가리구나."
그 일이 있기 전까지는…….

"이게 너야? 너를 그리려다가 괴물을 그렸네."
친구 샘이 에릭이 그린 그림을 가리키며 말했어.
"샘! 에릭은 상상력이 무척 풍부하잖니." 미술 선생님이 말했어.
"물론 나도 가끔은 네가 무슨 생각을 하는지 궁금하단다. 빨강머리, 아니……."

"……초록머리잖아?!"
에릭의 그림을 본 선생님이 깜짝 놀라며 말했어.
"지금까지 내가 본 것 중 가장 엉뚱한 자화상이구나.
빨강, 아니 초록머리 에릭이라니!"
"무슨 말씀이세요? 제 머리 색깔이랑 똑같이 칠한 건데요?"

＊자화상 : 스스로 자기 얼굴을 그린 그림

에릭의 말에 모두 웃었어. 애너벨, 단 한 사람만 빼고.
"에릭, 너 색맹이구나. 그렇지?" 애너벨이 말했어.
"색맹? 아니야. 난 색을 볼 수 있다고!" 에릭이 대답했어.
"괜찮아. 우리 아빠도 색맹이야. 그래서 내가 양말이랑 넥타이를 골라 드리곤 해."
애너벨이 웃으며 말했지.

에릭은 자기가 그린 자화상을 집으로 가져갔어.
그날 밤, 엄마 아빠에게 그림을 보여 주며 애너벨이 했던 말을 전했지.
에릭의 부모님은 그림을 보고 나서, 서로의 얼굴을 쳐다보았어.

에릭과 부모님은 컴퓨터에서 색각 검사표를 찾아 테스트를 해 봤어.
그리고 다음 날, 의사 선생님을 만나 정확한 검사를 받았지.
에릭의 부모님은 학교로 찾아가 선생님들에게 검사 결과를 전달했어.

"에릭은 색각 이상이랍니다. 학교에서 실수하지 않기 위해 열심히 노력하지만,
노력으로 되지 않는 부분이 있어요. 에릭에게는 에릭의 빨강머리 같은
주황색 계열이 갈색, 초록색, 금색 계열과 아주 비슷하게 보이지요.
물건을 색상별로 분류해 놓으면 다른 아이들은 좀 더 편리하겠지만
에릭은 그렇지 않아요."

에릭의 방이야.

에릭에게는 이렇게 보여.

학교에 있는 연필과 펜이야.   이것도 에릭에게는 이렇게 보이지.

심지어 음식도 다르게 보인다니까!

선생님은 에릭과 친구들이 색각 이상에 대해 이야기하는 시간을 갖도록 했어.
"그럼 넌 검은색과 흰색만 볼 수 있는 거야?" 마일즈가 에릭에게 물었어.
"나도 색깔을 볼 수 있어. 다만 대부분의 사람과 다르게 볼 뿐이야."
에릭은 친구들에게 자신의 상황에 대해 자세히 설명했어.
"의사 선생님이 그러는데, 나처럼 보는 아이를 색각 이상이라고 한대.
나는 그냥 내가 좀 별난 눈을 가진 거라고 생각해."

에릭은 진지한 표정으로 말을 이었어.
"그동안 나는 사람들이 이건 금색이고 저건 황록색이야 하고 구별할 수 있다는 걸 이해할 수 없었어. 두 색을 나란히 놓고 보면 나도 그 색들이 조금 다르다는 것은 알 수 있어. 하지만 사람들이 오래 들여다보지 않고도 색들을 금방 구별하는 걸 보면 정말 놀라워."
"의사 선생님이 네 눈을 다른 아이들처럼 고쳐 줄 수 있대?"
"아니, 하지만 나를 도울 수 있는 방법들이 있대."

에릭의 엄마, 아빠는 에릭의 교과서들을 살펴보았어.
수학 책에 있는 어떤 문제는 초록색 바탕에 빨간색 글씨로 쓰여 있었어.
당연히 에릭은 읽을 수 없었지!

달튼 선생님은 그런 페이지들을 흑백으로 복사해 주었어.
이제 에릭은 아무 어려움 없이 모든 문제를 볼 수 있어.

읽기 숙제는 상자 안에 색상별로 분류된 카드에 적혀 있었어.
에릭은 구별할 수가 없었지.

반 친구들은 모든 카드에 색이름을 적어 놓았어.
이제 에릭은 읽기 숙제를 제대로 하고 있는지 걱정할 필요가 없어.

작년에 에릭의 교실 칠판은 검은색이었어. 하지만 올해는 초록색이야.
선생님이 초록색 칠판에 노란색 분필로 글씨를 쓰면
에릭은 글씨를 읽을 수가 없었어.

"에릭, 미안해. 네가 사실을 말해 줬는데도 내가 알아듣질 못했어."
선생님의 말에 에릭은 웃으며 말했지.
"괜찮아요. 저도 몰랐거든요. 하얀색 분필로 쓰면 아무 문제 없어요."

한창 운동 경기에 빠져 있을 때, 에릭이 구분하기 힘들었던
초록색과 주황색 운동 조끼는……

파란색과 흰색으로 바뀌었어.
이제 에릭은 절대로 상대 팀에 공을 넘기지 않아.

"내가 모든 물감에 색깔 이름을 적어 줄까?"
미술 수업 시간에 애너벨이 에릭에게 물었어.
"신경 써 줘서 고마워. 하지만 난 다른 애들처럼 하지 않고,
내 눈에 보이는 색깔대로 칠하고 싶어."
"그럼 그렇게 해. 빨강머리 에릭, 아니, 저……."

"파랑머리 에릭!"
애너벨의 말에 모두 함께 웃었어. 에릭도 빙긋 웃으며 말했어.
"그냥 에릭이라고 불러 줘!"

> 색각 이상이
> 뭔지 알려 줄게!

🔴🟢🔵 우리는 어떻게 색을 볼까요?

우리 눈알의 맨 안쪽을 덮고 있는 '망막'이라는 곳에는 '간상세포'와 '원뿔세포'라는 아주 작은 세포들이 있어요. 이 세포들은 여러분이 보는 모든 것을 받아들이고, 신호로 바꾸어 뇌로 전달해요.

그중 색을 인식하게 해 주는 건 원뿔세포예요. 원뿔세포는 초록, 빨강, 파랑의 세 종류가 있는데, 이 세 가지 색을 섞어서 수없이 많은 다른 색을 볼 수 있게 해 줘요. 만약에 원뿔세포가 하나 이상 없거나, 있더라도 제대로 작동하지 않으면 여러분의 뇌는 색에 대해 다른 사람들하고는 다른 정보를 받아들이게 돼요.

🔴🟢🔵 색각 이상이 뭐예요?

물체의 색을 구별하고 인식하는 능력을 '색각'이라고 해요. 원뿔세포의 이상으로 색을 전혀 알아보지 못하거나 잘 구별할 수 없는 경우를 통틀어 '색각 이상'이라고 하지요. 색각 이상은 태어날 때부터 나타나는 경우가 대부분이에요. 망막 질환이나 시신경 질환 때문에 후천적으로 나타나기도 하지만 몹시 드문 경우이지요.

🔴🟢🔵 색각 이상은 색맹과 무엇이 다르죠?

애너벨이 에릭에게 "너 색맹이구나. 그렇지?" 하고 물었죠? 흔히 사람들은 색각 이상의 정도가 심하면 색맹, 그보다 약하면 색약으로 구분하곤 해요. 해당 색상의 원뿔세포가 없으면 해당색의 색맹이고, 원뿔세포가 있지만 기능이 불완전하면 색약이라고 부르지요. 그런데 '맹'이라는 말은 전혀 볼 수 없다는 뜻으로, 실제로 이렇게 색을 전혀 보지 못하는 사람은 매우 드물어요. 또 색각 이상인 사람들 대부분 색각 검사를 받기 전에는 스스로 이상을 느끼지 못하며, 일상생활에 큰 불편이 없고요. 따라서 색각 이상을 통틀어 색맹이라고 하는 것은 적절하지 않답니다.

🔴🟢🔵 색각 이상인 사람들은 색을 모두 똑같이 보나요?

색각 이상인 사람들 모두가 색을 똑같이 보지는 않아요. 색을 식별하는 능력이 없거나 부족한 정도에 따라 색이 다르게 보이지요. 색각 이상은 아래의 세 가지 경우로 구분돼요.

- **이상 3색형 색각** : 세 가지의 원뿔세포를 모두 가지고 있지만, 어느 한 가지 색을 식별하는 기능이 떨어지는 경우예요. 빨간색을 구별하기 힘든 경우를 '적색약', 초록색을 구별하기 힘든 경우를 '녹색약', 파란색을 구별하기 힘든 경우를 '청색약'이라고 하지요.
- **2색형 색각** : 세 가지의 원뿔세포 가운데 두 가지만 가지고 있어서 없는 한 가지 색을 아예 볼 수 없는 경우예요. 없는 세포의 종류에 따라 적색맹, 녹색맹, 청색맹으로 나뉘어요.
- **단색형 색각** : 단 한 종류의 원뿔세포만 가지고 있어서 모든 것을 한 가지 색으로만 인식하거나 원뿔세포가 아예 없어서 모든 색이 검은색과 하얀색, 회색으로만 보이는 경우예요.

🔴🟢🔵 색각 이상인지 아닌지 어떻게 알 수 있나요?

색각 이상을 알아내는 몇 가지 검사가 있어요. 오른쪽 그림은 색각 이상이 있는지 없는지를 가려내는 데 가장 널리 쓰이는 색각 검사표예요. 1917년 이시하라 시노부 박사가 개발한 것으로, 색각 이상인 사람들은 다른 색깔의 점들 속에 있는 숫자가 보이지 않거나 다른 숫자와 헷갈리지요.

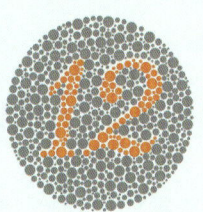

대부분의 사람들은 이 그림에서 12라는 숫자를 볼 수 있어요.

색각 이상인 사람은 이 그림에서 숫자를 읽을 수 없어요.

🔴🟢🔵 색각 이상은 고칠 수 있나요?

과학자들이 계속 연구 중이지만 지금까지 근본적으로 색각 이상을 치료할 수 있는 방법은 없어요. 다만 눈부심을 줄이기 위한 색깔 교정 렌즈와 안경이 개발되어 색을 좀 더 쉽게 구별할 수는 있답니다.

🔴🟢🔵 색각 이상인 사람은 어떻게 도울 수 있나요?

색각 이상인 사람들은 비록 여러분이 보는 것과 다를지라도 자신들만의 방법으로 세상을 바라본답니다. 만약 그들이 여러분에게 어떤 색이 어울리냐고 물으면 알려 주세요. 하지만 단지 호기심으로, "내 셔츠는 무슨 색이게?", "저 차는 무슨 색일까?" 하는 식으로 질문하는 건 삼가야 해요. 색각 이상인 사람들은 그런 질문 때문에 엄청 스트레스를 받는대요!

글쓴이 줄리 앤더슨

미국 일리노이와 위스콘신에서 자랐으며, 미국 존스 홉킨스 대학교에서 문예창작을 전공했습니다.
지금은 사랑하는 남편과 쌍둥이 아이들을 키우며 캘리포니아의 샌타모니카에서 살고 있습니다.
이 책은 그녀의 첫 작품입니다.

그린이 데이비드 로페즈

프랑스 리옹의 에밀 콜 예술 학교에서 애니메이션과 일러스트레이션을 공부했습니다.
애니메이터이자 배경 감독으로 일해 왔으며, 여러 만화의 스토리보드 작가로 활동했습니다.
아르헨티나나 멕시코 등의 여행 책자를 만드는 일을 즐겨 합니다. 지금은 파리에 살고 있습니다.

옮긴이 허은미

연세대학교 독어독문학과를 졸업하였습니다. 출판사에서 어린이책을 기획하고 편집하다가
어린이책 기획 모임 '보물섬'에서 일하며 좋은 어린이책 기획에 몰두하고 있습니다.
지은 책으로 《종알종알 말놀이 그림책》 《잠들 때 하나씩 들려주는 이야기》 《아기곰은 이야기쟁이》
《우리 몸의 구멍》 《영리한 눈》 《살아 있는 뼈》 《똥은 참 대단해!》 《코끼리가 최고야》 등이 있습니다.

빨강이 초록으로 보여!
ⓒ 줄리 앤더슨, 데이비드 로페즈, 2015

글쓴이 줄리 앤더슨 | 그린이 데이비드 로페즈 | 옮긴이 허은미 | 추천·감수 김욱겸

펴낸이 곽미순 | 기획·편집 이은영 | 디자인 이정화

펴낸곳 한울림스페셜 | 편집 윤도경 김하나 | 디자인 김민서 김윤희 | 마케팅 공태훈 | 제작·관리 김영석
등록 2008년 2월 23일(제318-2008-00016호) | 주소 서울시 영등포구 당산로54길 11 래미안당산1차A 상가
대표전화 02-2635-1400 | 팩스 02-2635-1415 | 홈페이지 www.inbumo.com
블로그 blog.naver.com/hanulimkids | 페이스북 책놀이터 www.facebook.com/hanulim

첫판 1쇄 펴낸날 2015년 2월 12일 | 2쇄 펴낸날 2016년 12월 14일
ISBN 978-89-93143-42-3 77840

이 도서의 국립중앙도서관 출판예정도서목록(CIP)은 서지정보유통지원시스템 홈페이지(http://seoji.nl.go.kr)와
국가자료공동목록시스템(http://www.nl.go.kr/kolisnet)에서 이용하실 수 있습니다. (CIP제어번호: CIP2015001429)

* 〈이시하라 색각 검사표〉 그림의 저작권
  Wellcome Library, London
  Copyrighted work available under Creative Commons Attribution only licence CC BY 4.0
  http://creativecommons.org/licenses/by/4.0/

* 잘못된 책은 바꾸어 드립니다.

어린이제품안전특별법에 의한 제품 표시   제조국 대한민국   사용연령 8세 이상